Daniel Amruth

AJAX Grundlagen und Verwendung in .NET - Stichwort „

GRIN - Verlag für akademische Texte

Der GRIN Verlag mit Sitz in München hat sich seit der Gründung im Jahr 1998 auf die Veröffentlichung akademischer Texte spezialisiert.

Die Verlagswebseite www.grin.com ist für Studenten, Hochschullehrer und andere Akademiker die ideale Plattform, ihre Fachtexte, Studienarbeiten, Abschlussarbeiten oder Dissertationen einem breiten Publikum zu präsentieren.

**Dokument Nr. V75293 aus dem GRIN Verlagsprogramm**

Daniel Amruth

# AJAX Grundlagen und Verwendung in .NET - Stichwort „ATLAS"

GRIN Verlag

Bibliografische Information der Deutschen Nationalbibliothek: Die Deutsche Bibliothek verzeichnet diese Publikation in der Deutschen Nationalbibliografie; detaillierte bibliografische Daten sind im Internet über http://dnb.d-nb.de/ abrufbar.

1. Auflage 2006
Copyright © 2006 GRIN Verlag
http://www.grin.com/
Druck und Bindung: Books on Demand GmbH, Norderstedt Germany
ISBN 978-3-638-81069-2

HOCHSCHULE HEILBRONN

*Hochschule für Technik und Wirtschaft*

Studiengang Electronic Business

**Seminararbeit**

**Thema Nr. 24**

# AJAX Grundlagen und Verwendung in .NET
## Stichwort „ATLAS"

I

von

Daniel Amruth

Im Wintersemester 2006/2007

# Inhaltsverzeichnis

Inhaltsverzeichnis.............................................................................................................II

Management Summary ..................................................................................................IV

Abbildungsverzeichnis ................................................................................................. V

Tabellenverzeichnis...................................................................................................... VI

Abkürzungsverzeichnis ................................................................................................VII

1   Einleitung ................................................................................................................1

   1.1   Ziel der Arbeit ..............................................................................................1

   1.2   Vorgehensweise ...........................................................................................1

2   AJAX.......................................................................................................................2

   2.1   Definition von AJAX ....................................................................................2

   2.2   Bestandteile von AJAX .................................................................................3

     2.2.1   Das XMLHTTPRequest-Objekt.......................................................3

     2.2.2   JavaScript ........................................................................................4

     2.2.3   Das Document Object Model (DOM)................................................5

     2.2.4   Beispiel für eine Vereinigung der Bestandteile................................6

   2.3   Nachteile von AJAX .....................................................................................7

3   .NET .......................................................................................................................8

   3.1   .NET und das .NET-Framework 2.0 .............................................................8

   3.2   ASP.NET (Active Server Pages) 2.0.............................................................9

4   Microsoft ASP.NET AJAX....................................................................................10

   4.1   Definition und Ziele des Frameworks.........................................................11

   4.2   Architektur von Microsoft ASP.NET AJAX ...............................................11

   4.3   ASP.NET AJAX Client Framework und Services.......................................12

   4.4   AJAX ASP.NET Server Extensions............................................................13

     4.4.1   ScriptManager ................................................................................13

     4.4.2   ScriptManagerProxy........................................................................14

     4.4.3   UpdatePanel ...................................................................................15

     4.4.4   AsyncPostBackTrigger....................................................................16

     4.4.5   Timer ..............................................................................................17

   4.5   ClientControls .............................................................................................18

   4.6   Webservices mit JavaScript aufrufen..........................................................19

5   Fazit......................................................................................................................20

Literaturverzeichnis.................................................................................................. VIII

III

Anhang ....................................................................................................................... XIII

Anhang 1 : Beispiel für Vereinigung der Bestandteile ...................................... XIII

Anhang 2 : ClientScript Person Mitarbeiter..................................................... XV

Anhang 3 : Asynchroner Datenabruf ........................................................... XVIII

Anhang 4 : AsynchPostBackTrigger................................................................ XX

Anhang 5 : TimerControl ............................................................................... XXI

Anhang 6 : ClientControl CollapsiblePanel ................................................. XXIII

Anhang 7 : Webserviceaufruf aus JavaScript .............................................. XXIV

# Management Summary

Der von Jesse James Garrett verfasste Essay über AJAX – die Abkürzung für „Asynchronous JavaScript and XML" - gilt bis heute als eine Revolution des Internets: Was vorher nur durch Frames oder iFrames möglich war, ist nun auch mittels der schon länger bestehenden Skriptsprache JavaScript möglich. JavaScript kann das vom Internet Explorer als ActiveXObject und von anderen Browsern bereits nativ unterstützte XMLHTTPRequest-Objekt instanziieren. Dieses Objekt ist in der Lage einen asynchronen Datenverkehr zwischen Client und Server herzustellen. Der Benutzer schickt eine Anfrage an einen Server, jedoch entfällt das sonst übliche Neuladen der kompletten Webseite. Stattdessen übernimmt das XMLHTTPRequest-Objekt die Kommunikation: Es initiiert die Anfrage und wartet bis der Server die angeforderten Daten wieder zurückschickt. Während des Wartens auf die Antwort wird der Benutzer in seinem Workflow nicht unterbrochen. Das Ergebnis kann dann von JavaScript über das DOM dynamisch in die Webseite geschrieben werden.

Zu den Pionieren des Einsatzes von AJAX gehört die Firma Google, die beispielsweise mit googleSuggest sehr früh zeigen konnte, wie der asynchrone Datenaustausch zu Gunsten der Benutzerfreundlichkeit eingesetzt werden kann.

Zur Ausführung von AJAX-basierten Aufrufen ist ein aktiviertes JavaScript unerlässlich und der Browser muss das XMLHTTPRequest-Objekt unterstützen. Es ist darüber hinaus nicht möglich eine veränderte AJAX-Seite zu drucken, diese als Lesezeichen hinzuzufügen und per Zurück-Button des Browsers einen Schritt innerhalb des Workflows zurückzugehen.

Seit der „Entdeckung" von AJAX treten für alle Skript- und Programmiersprachen vermehrt Frameworks auf, die den Kern einer solchen asynchronen Kommunikation abstrahieren, so dass sich der Entwickler nicht um die Übertragungsschicht kümmern muss – ein solches Framework wurde Mitte Oktober 2006 auch von Microsoft in einer Beta-Version veröffentlicht. Mit diesem Framework ist es möglich eine neue AJAX-basierte Seite zu erstellen und bereits bestehende Seiten ohne großen Aufwand mit asynchronem Datenaustausch zu versehen. Ein so genannter ScriptManager ist für die Kommunikation zuständig. Dabei ist anzumerken, dass die Browserkompatibilitätsschicht dafür sorgt, dass ein solcher Austausch in verschiedene Browser (derzeit Internet Explorer, Mozilla Firefox und Apple Safari) ablaufen kann. Ergänzend dazu wirkt ein UpdatePanel als ein Teil der Seite, der asynchron aktualisiert werden kann. ASP.NET AJAX bringt zudem eine ClientScript-Bibliothek mit sich, die eine objektorientierte mit JavaScript ermöglicht und auch ein ControlToolkit, das bestehende Controls um clientseitige Features erweitert.

V

# Abbildungsverzeichnis

Abbildung 1: Das traditionelle Modell für Webapplikationen (links) im Vergleich zum AJAX Modell (rechts) ..................................................................................................................... 2

Abbildung 2: Die Schnittstellenbeschreibung des XMLHTTPRequest-Objekts gemäß des W3C Standardisierungsvorschlages. ................................................................................... 3

Abbildung 3: Das DOM einer XHTML-konformen Webseite ................................................. 5

Abbildung 4: Zusammensetzung WebForm ......................................................................... 10

Abbildung 5: ASP.NET AJAX Architektur ........................................................................... 12

# Tabellenverzeichnis

Tabelle 1: Zustände für das XMLHttpRequest-Objekt ............................................................ 7

# Abkürzungsverzeichnis

| | |
|---|---|
| AJAX | Asynchronous JavaScript and XML |
| API | Application Programming Interface |
| ASP | Active Server Pages |
| CLR | Common Language Runtime |
| COM | Component Object Model |
| CSS | Cascading Stylesheet |
| CTP | Community Technology Preview |
| DOM | Document Object Model |
| ECMA | European Computers Manufacturers Association |
| HTTP | Hypertext Transfer Protocol |
| IL | Intermediate Language |
| JIT | Just in time |
| RAD | Rapid Application Developement |
| VB | Visual Basic |
| W3C | Word Wide Web Consortium |
| (X)HTML | (eXtensible) Hypertext Markup Language |
| XML | eXtensible Markup Language |
| XSLT | eXtensible Stylesheet Language Transformations |

# 1 Einleitung

In diesem Kapitel wird die Zielsetzung der Arbeit, sowie die Vorgehensweise zum Vermitteln der Inhalte erläutert.

## 1.1 Ziel der Arbeit

Das von Jesse James Garrett geprägte Modewort „AJAX" steht für „Asynchronous JavaScript and XML" und eröffnet dem Benutzer und dem Entwickler von Webseiten neue Möglichkeiten. Dabei steht der Grundgedanke im Vordergrund, dem Benutzer einen komfortableren Umgang mit Webanwendungen zu ermöglichen. Ziel dieser Arbeit ist es einen Einblick in die Nutzung von AJAX in ASP.NET 2.0 anhand des von Microsoft herausgegebenen AJAX ASP.NET-Frameworks zu erhalten – ein grundlegendes Verständnis für die asynchrone Kommunikation und die Technologien, die zwischen Client und Server zum Einsatz kommen, bilden dazu die Grundlage der Arbeit.

## 1.2 Vorgehensweise

Die Grundlagen dieser Arbeit werden bei der Definition von AJAX und den einzelnen Bestandteile, die dieses Konzept ermöglichen, vermittelt. Im Mittelpunkt steht dabei nicht, ein lauffähiges Beispiel zu implementieren, sondern eher ein grundsätzliches Verständnis für den Ablauf der Kommunikation bei einem asynchronen Datenaustausch zu vermitteln. Der Einsatz von AJAX in Verbindung mit ASP.NET bedarf zudem einer Einführung in das Thema .NET, respektive ASP.NET, der Technologie zum Entwickeln von Webanwendung.

Kapitel 4 erläutert das ASP.NET AJAX-Framework mit seinen Bestandteilen und Möglichkeiten. Basierend auf ASP.NET 2.0 hat Microsoft Mitte Oktober 2006 ein erstes Release von ASP.NET AJAX veröffentlicht. Zwar steht dieses noch im Beta-Stadium, es lassen sich jedoch bereits jetzt neue, stabile Webanwendungen mit diesem Framework erstellen und bestehende Seiten um die Möglichkeit des asynchronen Datenaustauschs erweitern. Zudem trumpft Microsoft mit zwei weiteren Features in diesem Bereich auf: Es ist nun möglich JavaScript mit einem objektorientierten Ansatz zu programmieren und es können lokale Webservices aus diesem Script heraus aufgerufen werden. Zeitgleich entstand in Kooperation mit Codeplex eine Palette von ClientControls, die auf Benutzerseite ausgeführt werden und eine grafische und benutzerfreundliche Erweiterung von bestehenden Controls ermöglichen.

# 2 AJAX

Der Begriff „AJAX" wurde von Jesse James Garrett in seinem Essay „Ajax: A New Approach to Web Applications"[1] Mitte Februar des Jahres 2005 das erste Mal öffentlich geprägt. Dieser Beitrag wird bis heute als eine Art „Geburtsstunde" von AJAX angesehen. Eine Definition von AJAX, den Bestandteilen, die dieses Konzept ermöglichen, sowie Beispiele für die Einsatzgebiete von AJAX werden in den folgenden Kapiteln gegeben.

## 2.1 Definition von AJAX

„AJAX beschreibt eine Technologie, mit der Daten zwischen Client und Server ... ausgetauscht werden können, ohne dass die gesamte Web-Seite neu geladen werden muss."[2] Zu verdanken ist dieses Verfahren den einzelnen Bestandteilen von AJAX, aus denen sich auch das Akronym zusammensetzt: So kommen bei diesem Konzept „Asynchronous JavaScript and XML"[3] zum Einsatz. Diese einzelnen Technologien ermöglichen es, eine Webseite wie eine Applikation aussehen zu lassen und zu bedienen, indem das sonst übliche Neuladen einer Seite - beispielsweise auf Benutzereingaben hin - entfällt.

Abbildung 1 zeigt den Unterschied zwischen einer traditionellen HTTP-Anfrage (oben im Bild) und wie die Ajax-Engine sich zwischen den Client und den Server klinkt (unten im Bild), um einen asynchronen Auf- und Abruf von Daten zu ermöglichen. Unter asynchroner Kommunikation versteht man das zeitlich versetzte Senden und Empfangen von Daten, ohne eine Antwort des Empfängers abwarten zu müssen, was den Workflow des Benutzers normalerweise blockieren würde.[4]

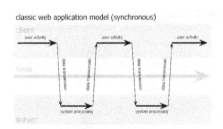

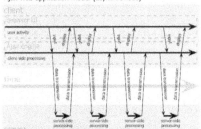

**Abbildung 1: Das traditionelle Modell für Webapplikationen (links) im Vergleich zum AJAX Modell (rechts)**

**Quelle: adaptive path**

Zu den Vorreitern im Einsatz von AJAX zählt die Firma Google, die mit googleSuggest und

[1] Vgl.: WWW, adaptive path, 08.10.2006
[2] WWW, GetTheCode – Was ist AJAX?, 08.10.2006
[3] Gibbs (2006), S.30.
[4] Vgl.: WWW, Wikipedia – Asynchrone Kommunikation, 08.10.2006

googleMaps als Erster wirklich zeigen konnten, was sich hinter dieser Möglichkeit verbirgt und wie sie gezielt eingesetzt werden kann.

## 2.2 Bestandteile von AJAX

Wie im vorigen Kapitel beschrieben, handelt es sich bei AJAX nicht um eine eigenständige Technologie, sondern vielmehr um ein Zusammenspiel bereits länger existierender Technologien. Die folgenden Punkte geben einen kurzen Überblick über diese Technologien, ohne aber auf syntaktische Hintergründe genauer einzugehen. Ein Grundverständnis wird somit für das anschließende Codebeispiel vorausgesetzt.

### 2.2.1 Das XMLHTTPRequest-Objekt

```
interface XMLHttpRequest {
        attribute EventListener   onreadystatechange;
    readonly attribute unsigned short  readyState;
    void            open(in DOMString method, in DOMString url);
    void            open(in DOMString method, in DOMString url, in boolean async);
    void            open(in DOMString method, in DOMString url, in boolean async, in DOMString user);
    void            open(in DOMString method, in DOMString url, in boolean async, in DOMString user, in DOMString password);
    void            setRequestHeader(in DOMString header, in DOMString value);
    void            send();
    void            send(in DOMString data);
    void            send(in Document data);
    void            abort();
    DOMString       getAllResponseHeaders();
    DOMString       getResponseHeader(in DOMString header);
    readonly attribute DOMString        responseText;
    readonly attribute Document         responseXML;
    readonly attribute unsigned short   status;
    readonly attribute DOMString        statusText;
};
```

**Abbildung 2: Die Schnittstellenbeschreibung des XMLHTTPRequest-Objekts gemäß des W3C Standardisierungsvorschlages.**

**Quelle: W3C**

Das XMLHTTPRequest-Objekt bildet die Basis von AJAX, in dem es „…den Datenaustausch mit einem Webserver ermöglicht, jedoch ganz ohne den gefürchteten „Page Refresh" (dem Neuladen und vor allem dem Neuaufbau der Seite)"[5] Das mittels JavaScript zu instanziierende XMLHTTPRequest-Objekt stellt eine Schnittstelle zur Erzeugung von HTTP-Transaktionen auf der Seite des Clients bereit und ist bei einer asynchronen Transaktion der Initiator der Anfrage an den Server.[6] Für den Request kann sich das XMLHTTPRequest-Objekt unterschiedlicher Anfragemethoden bedienen, unter anderem GET und POST.[7] Liefert der Server auf eine Anfrage hin XML-Daten aus, so kann das aufrufende XMLHTTPRequest-Objekt diese wahlweise als Klartext oder DOM-Struktur zurückliefern.[8] Dabei ist zu beachten, dass „…it (das XMLHTTPRequest-Objekt; A.d.V.) is not limited to being used with XML, it can request or send any type of document, although dealing with binary streams can

---

[5] Wenz (2006), S.14.
[6] Vgl.: WWW, Teialehrbuch – XMLHttpRequest, 09.10.2006
[7] Vgl.: WWW, Wikipedia – XMLHttpRequest, 09.10.2006
[8] Vgl.: WWW, Wikipedia – XMLHttpRequest, 09.10.2006

be problematical in javascript."[9] Der Aufbau des XMLHTTPRequest-Objekts ist bis heute nur ein de facto-Standard; es liegt jedoch beim W3C[10] ein Standardisierungsvorschlag vor, der in Abbildung 2 zu sehen ist.

Bis zur Einführung dieses Objektes „Ende der 90er Jahre..."[11] durch Microsoft, „...behalf man sich mit unsichtbaren Frames und iFrames, die – unbemerkt vom Rest der Seite – permanent neu geladen werden konnten."[12] Microsoft führte dieses Objekt vor allem für die Nutzung in einer neuen Version von Outlook Web Access ein[13] - es wurde „...im Internet Explorer 5 für Windows als ActiveX-Objekt implementiert."[14] Anders hingegen sieht es bei den übrigen Browsern aus: „other browsers such as Firefox, Safari, and Opera implement it (das XMLHTTPRequest-Objekt; A.d.V.) as a native JavaScript object."[15], auch die „Version 7.0 des Internet Explorer ... soll das XMLHttpRequest-Objekt nativ unterstützen."[16].

Nach einer plattformunabhängigen Instanziierung des XMLHTTPRequest-Objekts, sind „die verschiedenen Implementierungen ... zueinander kompatibel"[17], so dass danach gleichermaßen mit dem Objekt gearbeitet werden kann.

## 2.2.2 JavaScript

Als die Skriptsprache JavaScript 1995 von Netscape für dessen Browser-Version 2.0 eingeführt wurde, war das W3C noch weit davon entfernt „webweit" als Standardisierungsgremium akzeptiert zu werden.[18] Dennoch wollte Netscape seiner Skriptsprache den Rang eines Standards verleihen und schaltete die ECMA ein – seitdem ist JavaScript unter der Bezeichnung ECMA-262 als Industriestandard definiert.[19] JavaScript bietet unter anderem folgende Möglichkeiten:

- Dynamischer Manipulation von (X)HTML-Inhalten über das DOM
- Interaktion mit dem Nutzer durch Event-Handling wie beispielsweise der Event-Handler onmouseover um Rollover-Grafiken zu ermöglichen
- Validierung von Formulareingaben auf der Seite des Clients vor dem Absenden des Formulars

---

[9] WWW, Using the XML HTTP Request object, 10.10.2006
[10] Vgl.: WWW, W3C – The XMLHttpRequest Object, 10.10.2006
[11] Wenz (2006), S.14.
[12] Wenz (2006), S.14.
[13] Wenz (2006), S.14.
[14] WWW, ZDNet – AJAX und Microsofts Engagement, 09.10.2006
[15] Asleson, Schutta (2006), S. 23.
[16] Wenz (2006), S.16.
[17] Wenz (2006), S.19.
[18] Vgl.: Münz (2005), S.308.
[19] Vgl.: Münz (2005), S.308.

- Die Instanziierung des XMLHTTPRequest-Objekts, das zum asynchronen Datenaustausch benötigt wird, erfolgt auch per JavaScript

JavaScript wird meist clientseitig implementiert, was wiederum bedeutet, dass es dem Browser zufällt, den hinterlegten Code zu interpretieren[20] – vorausgesetzt der Browser ist dazu in der Lage und der Benutzer hat JavaScript aktiviert.[21]

## 2.2.3 Das Document Object Model (DOM)

Klassische Webseiten werden regelmäßig mit neuem HTML-Code von Seiten des Servers bedient und können somit nach jeder Aktualisierung der Seite in einem neuen Layout erscheinen.[22] Hingegen entfällt bei Seiten, die AJAX benutzen, diese komplette Aktualisierung; um dennoch auf einzelne Elemente innerhalb der Seitenstruktur zugreifen und dieses ändern zu können, bedient man sich des DOMs.[23]

"Das DOM ist ... ein vom W3-Konsortium entwickelter Standard"[24] und stellt eine „Schnittstelle für Programmiersprachen zur Verfügung, um auswählbare Einzeldaten oder Datengruppen in XML-Dokumenten lesen, ändern und löschen zu können, um ihnen Style-Definitionen aus Sprachen wie CSS und XSLT zuordnen zu können und um Ereignisse zu behandeln, die mit diesen Daten geschehen können."[25] Dabei begreift das DOM eines XML- oder HTML-Dokuments die gesamte Beschreibung als eine Hierarchie von Knotenpunkten (engl. nodes)[26],

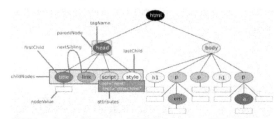

ebenso kann man an dieser Stelle auch von einer Baumstruktur sprechen.

Abbildung 3 zeigt das DOM einer Webseite: Das „html"-Element bildet die Wurzel

**Abbildung 3: Das DOM einer XHTML-konformen Webseite**

**Quelle: Teialehrbuch**

(Root) des Baums, davon gehen einige Äste wie in erster Instanz das „head"- und das „body"-Tag aus. Das unter dem „body"-Tag angesiedelte „p"-Tag bildet aus Sicht des „body"-Tags einen so genannten Kindknoten (child); das „body"-Tag wiederum fungiert für das „p"-Tag als Elternknoten (parent). Nach diesem Schema kann man ein DOM-konformes Dokument durchwandern. Für das Ansprechen eines bestimmten Knotens wird

---

[20] Vgl.: WWW, Wikipedia – JavaScript, 15.10.2006
[21] Vgl.: Koch (2003), S.13f.
[22] Vgl.: Crane, Pascarello (2006), S.45.
[23] Vgl.: Crane, Pascarello (2006), S.45.
[24] Münz (2005), S. 309.
[25] Münz (2005), S. 309.
[26] Vgl.: Münz (2005), S.376.

dem Element ein dokumentenweit eindeutiges Attribut in Form einer ID mitgegeben, beispielsweise `<p id="header"></p>`. „Das Ausgangsobjekt für den Zugriff auf einzelne Bestandteile des Markup und des Inhalts ist das document-Objekt."[27] Somit kann mittels der
JavScript-Funktion `document.getElementByID("header")` das obige Element angespro-
chen und verändert werden.[28]

## 2.2.4 Beispiel für eine Vereinigung der Bestandteile

Das folgende Beispiel instanziiert zuerst ein XMLHTTPRequest-Objekt. Dabei ist zu beachten, dass erst geprüft wird, ob es sich um ein ActiveXObject (Internet Explorer bis Version 6)
oder ein natives XMLHTTPRequest-Objekt handelt. Abhängig davon wird die Membervari-
able `xmlHttpRequest` instanziiert:

**Codebeispiel:**

```
var ajaxObject = null;
function generateRequest(){
        if(window.ActiveXObject){//Internet Explorer <= Version 6
                ajaxObject = new ActiveXObject("Microsoft.XMLHTTP");
        }
        else(window.XMLHttpRequest){//Native Unterstützung des Objekts
                ajaxObject = new XMLHttpRequest();
        }
        ajaxObject.onreadystatechange = deliverData;
        ajaxObject.open("GET","helloworld.txt", true);
        ajaxObject.send(null);
}
```

Nach dieser Instanziierung kann gleichermaßen mit dem Objekt gearbeitet werde – unabhängig um welchen Browser es sich handelt. Der Eigenschaft `onreadystatchange` des Objekts
wird eine Methode zugewiesen, die aufgerufen wird, sobald sich der `readyState` ändert –
eine Auflistung der verschiedenen Zustände während der Datenübertragung ist in Tabelle 1 zu
finden.[29] Die Methode `open()` des XMLHTTPRequest-Objekts erwartet drei Argumente:

- Der erste Parameter gibt den HTTP-Anforderungstyp an.
- Der zweite Parameter eine URL, die angefragt werden soll
- Der dritte Parameter ist ein boolean, der angibt ob der Aufruf asynchron erfolgen soll.

Diese Methode sendet noch keinerlei Informationen an den Server. Erst die Methode `send()`
führt diesen Request aus – sie erwartet einen Parameter, der bei einem Versand per `POST` an
die URL angehängt werden würde. Für dieses Beispiel ist dies jedoch nicht notwendig, daher

---

[27] Münz (2005), S.376.
[28] Vgl.: Münz (2005), S.376.
[29] Vgl.: Perry (2006), S. 4

7

wird hier ein `null`-Wert übergeben.

Im Folgenden wird die dem Attribut `onreadystatechange` übergebene Funktion `deliverDa-ta()` gelistet. Der Inhalt der übertragenen Datei wird in ein fiktives Element `ausgabe` eingetragen, nachdem sichergestellt wurde, dass die Anfrage vollständig ist.

**Codebeispiel:**

```
function deliverData(){
    if(ajaxObject.readyState == 4){
        var ausgabe = document.getElementById("ausgabe");
        ausgabe.innerHTML = ajaxObject.responseText;
    }
}
```

Die Funktion könnte beispielsweise bei einer `onclick()`-Methode eines Buttons ausgelöst werden. Eine Auflistung des gesamten Codes ist in Anhang 1 : Beispiel für Vereinigung der Bestandteile zu finden.

| Zustand | Beschreibung |
|---|---|
| 0 | Nicht initialisiert |
| 1 | Lädt gerade |
| 2 | Fertig geladen |
| 3 | Wartet auf Rückgabe |
| 4 | Vollständig |

Tabelle 1: Zustände für das XMLHttpRequest-Objekt
Quelle: Wenz (2006)

## 2.3 Nachteile von AJAX

In den vorigen Kapiteln wurden die Vorteile beziehungsweise Möglichkeiten von AJAX erläutert. Neben bestimmten Voraussetzungen, die erfüllt sein müssen, um dieses Verfahren nutzen zu können, bringt es auch Nachteile mit sich, die hier gelistet werden:[30]

- Die Grundvoraussetzung für AJAX ist ein aktiviertes JavaScript im Browser. Nicht jeder Benutzer hat dieses aktiviert oder die Umstände, beispielsweise Firmenvorgaben, lassen dies nicht zu. Zumal sind Seiten mit JavaScript nicht barrierefrei.

- Im Internet Explorer muss ActiveX-Unterstützung aktiviert sein. Erst im Internet Explorer 7 wird das XMLHTTPRequest-Objekt nativ unterstützt.

- Suchmaschinen stehen bei interaktiven Elementen vor dem Problem, dass sie diese nicht indizieren können – ihnen sollte eine statische Alternative geboten werden.

- Das Hinzufügen einer Seite als Lesezeichen bringt den Benutzer bei erneutem Aufruf

---

[30] Vgl.: WWW, GetTheCode – AJAX – Vorteile und Probleme, 09.10.2006

immer wieder an die Ausgangsposition. Zudem funktioniert der Zurück-Button im Browser nicht für jeden Schritt, sondern bringt den Benutzer wieder auf die Startseite.

# 3 .NET

Das erste Release des von vielen Entwicklern mit Spannung erwarteten .NET-Frameworks wurde am 16. Januar 2002 in einer E-Mail von einem .NET Project Manager bei Microsoft wie folgt angekündigt[31]: „We are releasing tonight...just thought you might like to know. WOHOHOO!! :-)"[32]

Was genau sich hinter dem Schlagwort „.NET" verbirgt und was es mit ASP.NET auf sich hat, wird in folgenden Kapiteln geklärt werden.

## 3.1 .NET und das .NET-Framework 2.0

Unter .NET versteht man keineswegs ein Produkt, sondern vielmehr eine einheitliche Basis für Entwicklungen (von Windows- und Webanwendungen; A.d.V.) unter Windows und in naher Zukunft möglicherweise auch unter anderen Betriebssystemen (Stichwort: Mono(http://www.mono-project.com/)).[33] Es gibt mehrere Gründe, weshalb Microsoft 2002 die .NET-Ära einläutete: Zum einen hatte Microsoft das Gefühl, SUNs plattformunabhängiges Java würde ihre Dominanz im Bereich der PC-Kerntechnologien gefährden, zudem hatten Microsoft auf dem Markt der auf dem Markt der mobilen Kleingeräte bis dato noch nicht Fuß fassen können.[34] Auf der anderen Seite gibt es auf dem Computermarkt eine allzeit wachsende Entropie und die zwei bis dahin verwendeten Bausteine der Windowsprogrammierung (Windows API und COM) gerieten an ihre Grenzen – ganz abgesehen von den zahlreichen Problemen und der Komplexität dieser Grundpfeiler.[35] Somit schuf man mit .NET eine zukunftssicher Grundlage für die Programmierung, die die vorherrschenden Probleme ausmerzen sollte.

Die technologische Ausprägung von .NET ist das so genannte .NET-Framework. „Dabei handelt es sich nicht nur um eine besondere Laufzeitumgebung, die die Ausführung von Programmen ermöglicht."[36], sondern vielmehr um eine sehr umfangreiche Klassenbibliothek – in der aktuellen Version des Frameworks 2.0 besteht diese aus über 4600 Klassen, welche wie-

---

[31] Vgl.: Lorenz (2002), S. 21.
[32] Lorenz (2002), S. 21.
[33] Vgl.: Lorenz (2002), S. 45.
[34] Vgl.: WWW, Wikipedia - .NET, 18.10.2006
[35] Vgl: Eller (2006), S. 26.
[36] Eller (2006), S. 25.

derum in verschiedene Namensräume (Namespaces) aufgeteilt sind.[37] „It includes technologies for Web services and Web applications (ASP.NET), data access (ADO.NET), smart client applications (Windows Forms)..."[38]

Der Unterschied zwischen Java und .NET kommt ganz deutlich beim Betrachten der Laufzeitumgebungen der beiden Technologien zum Vorschein: Jede der unter .NET verwendbaren Sprachen (beispielsweise C# oder VB.NET) besitzt einen eigenen Compiler, der den Code in eine Zwischensprache, die Microsoft Intermediate Language, übersetzt.[39] Dieser Code ist vergleichbar mit dem Bytecode in Java; die MSIL ist noch lesbar und theoretisch ist es möglich, direkt auf dieser Ebene zu programmieren.[40] Der Code Manager der CLR (Common Language Runtime) von .NET sorgt mittels eines JITters (Just-InTime-Compiler) dafür, dass der in IL vorliegende Code in das native Format überführt wird.[41] Dabei werden aber nur sukzessive Teile des Codes kompiliert, der gerade benötigt werden; falls der benötigte Code bereits in kompilierter Form vorliegt, so kann er direkt aus dem In-Memory-Cache abgefragt werden.[42] Liegt er noch nicht vor, so wird er kompiliert und im Speicher abgelegt. Um ein auf .NET basierendes Programm ausführen zu können, bedarf es des frei erhältlichen .NET-Frameworks, das die CLR enthält.

## 3.2 ASP.NET (Active Server Pages) 2.0

ASP.NET ist eine auf dem .NET-Framework basierende Technologie zum Erstellen von leistungsfähigen, dynamischen Webanwendungen, die den IIS (Internet Information Service) als Plattform benutzen.[43] Microsoft schuf damit eine Möglichkeit, Web-Anwendungen ähnlich einfach zu realisieren, wie es auch bei Desktopanwendungen der Fall ist.[44] Im Gegensatz zum Vorgänger von ASP.NET, ASP, wird der generierte Code nun nicht mehr zeilenweise interpretiert, sondern genau wie bei Desktopanwendungen auch erst in IL-Code kompiliert und danach mittels der auf dem Server liegenden CLR in Maschinencode umgewandelt und ausgeführt.

„Zu den wesentlichen Merkmalen von ASP.NET gehören"[45]:

- Ein aus Webformularen bestehendes rationalisiertes Programmiermodell, das Web-

---

[37] Vgl.: Eller(2006), S. 25ff.
[38] WWW, Microsoft - .NET Glossary abgerufen am 18.10.2006
[39] Vgl.: Eller (2006), S. 37.
[40] Vgl.: Eller (2006), S. 37.
[41] Vgl.: Eller (2006), S. 33.
[42] Vgl.: Eller (2006), S. 33.
[43] Falz, Samaschke (2004), S.19.
[44] Vgl.: WWW, sigs-datacom – Ein neues Programmiermodell für Web-Anwendungen, 22.10.2006
[45] Sharp (2006), S. 492.

formulare enthält – diese bestehen aus zwei Dateien: zum einen eine .aspx-Datei für das Erscheinungsbild einer Webseite, zum anderen eine .aspx.cs-Datei, die die Geschäftslogik innehält (s. Abbildung 4). Webformulare werden zur Leistungsverbesserung auf dem Webserver kompiliert.

- Serversteuerelemente unterstützen serverseitige Ereignisse, werden aber zwecks Browserdarstellung in Form von HTML dargestellt. Microsoft hat darüber hinaus mit ASP.NET 2.0 neue und aktualisierte Steuerelemente eingeführt, die dem Programmierer viel Arbeit ersparen und somit effizienter entwickeln können.

- Erweiterte und vereinfachte Speicherung von Sitzungszuständen auf Client- oder Serverseite.[46]

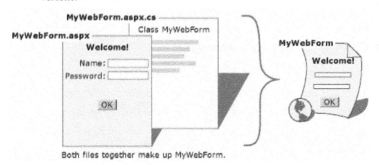

**Abbildung 4: Zusammensetzung WebForm**
**Quelle: Microsoft – Introduction to WebForms**

# 4 Microsoft ASP.NET AJAX

In Zeiten der Wiederverwendung von Komponenten, bedarf es meist keiner Neuerfindung des Rades, sondern vielmehr einer Recherche nach einem geeigneten Framework. Kurz nach der Entdeckung von AJAX tauchten vermehrt Frameworks für fast alle webbasierten Programmier- und Skriptsprachen auf. Unter einem Framework versteht Torsten Horn „eine systematische Sammlung von Tools oder Kombination von Klassenbibliotheken und Verbindungs-/Kommunikationsmechanismen."[47] Auch für ASP.NET gibt es derer bereits einige – laut ajaxpatterns.org[48] sind es derzeit genau 16 - und wer weiß um die Erweiterung seiner eigenen Technologie besser Bescheid als Microsoft selbst: Sie schufen mit ASP.NET AJAX Codename „ATLAS" ein Framework, das dem Entwickler die Möglichkeit gibt neue AJAX-basierte Anwendungen zu erstellen, aber auch vorhandene Anwendungen um benutzerfreundliche

---

[46] Vgl.: Sharp (2006), S. 492
[47] WWW, Torsten Horn – Internet-Glossar, 23.10.2006
[48] Vgl.: WWW, DotNet Ajax Frameworks – Ajax Patterns, 23.10.2006

Elemente zu erweitern. Es besteht derzeit aus insgesamt aus drei Teilen:

- ASP.NET AJAX 1.0 Beta: Es bildet die Grundlage für ASP.NET AJAX-Anwendungen und muss als erstes installiert werden. Für dieses Paket wird es nach der Veröffentlichung eines stabilen Releases auch Support von Microsoft geben.

- ASP.NET AJAX CTP Beta: Dieses Packet erweitert das derzeitige Beta-Release um weitere Funktionalitäten und agiert zusammen mit dem Kern von ASP.NET AJAX.

- ASP.NET AJAX ControlToolkit: Bietet eine clientseitige Erweiterung bestehender Steuerelemente und ist in Kooperation der Codeplex-Gemeinschaft und Microsoft entstanden.

Das folgende Kapitel wird einen Einblick in dieses Framework anhand von Definitionen und Beispielen geben.

## 4.1 Definition und Ziele des Frameworks

Microsoft selbst definiert ASP.NET AJAX als „a free framework for quickly creating a new generation of more efficient, more interactive and highly-personalized Web experiences that work across all the most popular browsers."[49] Es baut auf dem .NET-Framework 2.0 auf und ermöglicht mit neuen Features eine verbesserte Nutzung von clientseitigem JavaScript und dem XMLHTTPRequest-Objekt.[50]

Das Ziel des Frameworks ist es, dem Entwickler einen einfacheren Zugang zu clientseitigem JavaScript zu gewähren und das XMLHTTPRequest-Objekt besser nutzen zu können. Des Weiteren sollen bestehende Anwendungen ohne großen Programmieraufwand zu einem asynchronen Verhalten hin verändert werden können.[51]

## 4.2 Architektur von Microsoft ASP.NET AJAX

Wie in der Abbildung 5 zu sehen ist, erstreckt sich ASP.NET AJAX nicht nur über die Client, sondern auch über die Serverseite.[52] „Sie (die Architektur; A.d.V.) sollte als eine umfassende Reihe von Entwicklungstechnologien zum Erstellen vielfältiger, reaktionsfähiger browserübergreifender Webanwendungen betrachtet werden."[53] Zwar wurden mit ASP.NET 2.0 bereits einige neue Clientfeatures ausgeliefert, jedoch längst nicht in dem Umfang, wie es bei ASP.NET AJAX nun der Fall ist. Wie bereits erwähnt erstreckt sich das Framework über die zwei Grundpfeiler der Client-Server-Architektur: Auf der linken Seite in Abbildung 5 ist die

---

[49] WWW, Microsoft – AJAX ASP.NET Home, 23.10.2006
[50] Vgl.: Gibbs (2006), S. 30.
[51] Vgl. Gibbs (2006), S. 31ff.
[52] Vgl.: Gibbs (2006), S. 31.
[53] Vgl.: Gibbs (2006), S. 30f.

Clientskript-Kernbibliothek mit ihren verschiedenen Ebenen zu sehen, die in mehreren selbständigen Teilen an den Browser geschickt werden – auf der rechten Seite ASP.NET AJAX Server Extensions.[54]

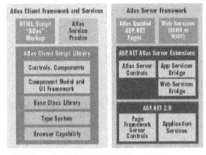

**Abbildung 5: ASP.NET AJAX Architektur**
**Quelle: Gibbs (2006), S. 31**

## 4.3 ASP.NET AJAX Client Framework und Services

„Der Skriptkern besteht aus den unteren Ebenen, auf denen die übrige Bibliothek aufgebaut wird."[55] Die einzelnen Elemente lassen sich von unten nach oben wie folgt kurz beschreiben:

- Browserkompatibilitätsebene: Diese Ebene befreit den Programmierer von der Last, auf unterschiedliche Browserimplementierungen einzugehen. Die derzeitigen CTPs unterstützen den Internet Explorer, Mozilla Firefox und Apples Safari – abhängig vom Typ des Browsers werden unterschiedliche Teile dieser Schicht zur Interaktion mit herangezogen.

- Auf der eben genannten Ebene setzt nun das Typsystem auf, welches einen objektorientierten Ansatz bei der JavaScript-Entwicklung ermöglicht. Mit ihm kann der JavaScript-Entwickler nun Namespaces erzeugen und ihnen Klassen hinzufügen; auch die Möglichkeit der Objektvererbung kann so simuliert werden. Durch die Objektorientierung kann nun einfacher zwischen beispielsweise C#-Code auf dem Server und JavaScript-Code auf dem Client hin- und hergewechselt werde – auch bedingt dadurch, dass eine Unterstützung für Schnittstellen, Delegate und Enumerationen gegeben ist.

- Zur Vervollständigung des Kerns fehlt noch die Basisklassenbibliothek: Sie nimmt Anleihen beim .NET-Framework und macht bekannte Typen zugänglich. Dazu gehören beispielsweise das Event-Objekt, das StringBuilder-Objekt und WebRequest- und

---

[54] Vgl.: Gibbs (2006), S. 32
[55] Gibbs (2006), S. 32.

WebResponse-Klassen, die als Abstraktion über dem XMLHTTPRequest-Objekt dienen.[56]

Anhang 2 zeigt eine JavaScript-Datei und eine .aspx-Datei. Die JavaScript-Datei enthält einen objektorientierten Ansatz zur Programmierung einer Klasse Person und einer von der Klasse Person erbenden Klasse Mitarbeiter.

Weiterer Code siehe Anhang 2 : ClientScript Person Mitarbeiter

## 4.4 AJAX ASP.NET Server Extensions

AJAX ASP.NET Server Extensions sind auf ASP.NET 2.0 aufsetzende Serversteuerelemente, die für eine Unterdrückung des normalerweise stattfindenden Seiten-Postbacks während der Aktualisierung von Daten verantwortlich sind – also genau die Möglichkeit, die AJAX für den Benutzer so interessant macht.[57] Um dies zu realisieren wirken zwei Steuerelemente, nämlich der ScriptManager und das UpdatePanel, zusammen. Im Folgenden werden die beiden Elemente und einige Erweiterungen anhand von Beispielen erläutert.

### 4.4.1 ScriptManager

Der ScriptManager ist als Distributor des benötigten JavaScript-Codes an den Client das wichtigste Element um eine asynchrone Kommunikation zu ermöglichen – „The ScriptManager control is central to Microsoft ASP.NET 2.0 AJAX Extensions."[58] Er verwaltet die gesamten Komponenten einer Seite, verarbeitet das partielle Aktualisieren einer Seite[59] und ist der Mediator für die Kommunikation zwischen dem Client und Serversteuerelemente mittels JavaScript.[60] Es wird in ein WebForm innerhalb des für alle Steuerelemte benötigen <form>-Tags eingebunden:

**Codebeispiel:**

```
<form id="mainForm" runat="server">
<asp:ScriptManager ID="scmMain" runat="server" EnablePartialRender-
ing="true" />
</form>
```

„Durch runat="server" wird ein Element in ein serverseitiges Steuerelement verwandelt, und eine id benötigen Sie, um im Code auf dieses Steuerelement zugreifen zu können."[61] Dabei gilt es zwei verschiedene Arten von Steuerelementen zu unterscheiden: Die HTML-

---

[56] Vgl.: Gibbs (2006), S. 31ff.
[57] Vgl.: Gibbs (2006), S. 36.
[58] WWW, Microsoft – Server Reference – ScriptManager, 24.10.2006
[59] Vgl.: WWW, Microsoft – Server Reference – ScriptManager, 24.10.2006
[60] Vgl.: Gibbs (2006), S. 36.
[61] WWW, Galileo Computing – Serversteuerelemente, 24.10.2006

Serversteuerelemente, die durch das bloße Hinzufügen von runat="server" und einer id zu aus einem HTML-Element ein Steuerelement werden lassen (beispielsweise `<label id="lblName" runat="server">Name</label>`) und Webserversteuerelementen, die HTML- und JavaScript-Code generieren.[62] Webserversteuerelemente entlasten den Entwickler in der Hinsicht, dass sie von einer allgemeinen Funktionalität, beispielsweise einer Text-Box ausgehen, die je nachdem ob sie mehrerer Zeilen als Attribut hat als `<input type="text">`- oder als `<textarea>`-Element im Quellcode dargestellt wird.[63] Zudem unterscheiden sich die beiden Steuerelemente durch die Klasse, von der sie direkt oder indirekt abgeleitet sind: HTML-Serversteuerelemte leiten sich von der Klasse `HtmlControl` ab, wohingegen Webserversteuerelemente sich von `WebControl` ableiten.[64]

Die Eigenschaft `EnablePartialRendering` erlaubt es, nur einen Teil einer Seite in Verbindung mit einem UpdatePanel individuell zu aktualisieren.[65]

Scripts und Webservices werden an einen ScriptManager entweder programmtechnisch, also im Code oder wie folgendes Beispiel zeigt direkt innerhalb des Webforms gebunden.

**Codebeispiel:**

```
<asp:ScriptManager id="scmMain" runat="server">
    <Services>
            <asp:ServiceReference Path="MakeMD5.asmx" />
    </Services>
    <Scripts>
        <asp:ScriptReference path="MD5.js" />
    </Scripts>
</asp:ScriptManager>
```

## 4.4.2 ScriptManagerProxy

ASP.NET 2.0 ermöglicht den Gebrauch von so genannten Masterseiten. Microsoft[66] erklärt Masterseiten folgendermaßen: Eine einzelne Masterseite definiert das Aussehen und das Standardverhalten, das für alle Seiten oder Gruppen von Seiten implementiert werden kann. Dabei können ContentPlaceHolder auf der Masterseite gesetzt werden, die in „erbenden" Seiten mit Inhalt befüllt werden können. Somit brauch sich der Entwickler nicht mit dem Layout einer Seite zu beschäftigen – dies bringt wiederum eine Trennung von Layout und Logik mit sich. Der ScriptManagerProxy kommt bei dem Gebrauch von Masterseiten wie folgt zum Ein-

---

[62] Vgl.: WWW, Galileo Computing – Webserversteuerelemente, 24.10.2006
[63] Vgl.: WWW, Galileo Computing – Webserversteuerelemente, 24.10.2006
[64] Vgl.: WWW, Microsoft – Einführung in WebForms, 24.10.2006
[65] Vgl.: WWW, Microsoft – ScriptManager PartialRendering, 25.10.2006
[66] Vgl.: WWW, Microsoft – Übersicht über Masterseiten, abgerufen am 24.10.2006

satz[67]: Angenommen einer Masterseite hält bereits einen ScriptManager inne, dann dürfen die Unterseiten kein zweites ScriptManager-Element beinhalten – Abhilfe schafft hier der ScriptManagerProxy, der in den Unterseiten eingesetzt wird und asynchrone Datenverarbeitungen von Unterseiten an den ScriptManager der Masterseite weiterleitet.

### 4.4.3 UpdatePanel

Zwar ist der ScriptManager der elementare Bestandteil einer AJAX-basierten ASP.NET-Anwendung, es bedarf jedoch noch eines Steuerelements, mit dem der Benutzer in Interaktion treten kann. Um dies zu ermöglichen werden auf einem WebForm ein ScriptManager, sowie ein UpdatePanel hinzugefügt. Dies kann im Visual Studio entweder grafisch durch DragandDrop aus der Toolbox heraus erfolgen oder aber zur Laufzeit im CodeBehind an die Seite angehängt werden. Folgendes Beispiel nutzt die RAD-Möglichkeit des Visual Studio, bei dem die Tags in das WebForm eingefügt werden.

**Codebeispiel:**

```
<form id="frmMain" runat="server">
<asp:ScriptManager ID="scmMain" runat="server" EnablePartialRender-
ing="true" />
<asp:UpdatePanel id="upnMain" runat="server">
<ContentTemplate>
    //Hier kommen die zu aktualisierenden Komponenten rein
</ContentTemplate>
</asp:UpdatePanel>
</form>
```

Innerhalb des `<contentTemplate>`-Tags kann jede Art von Steuerelementen platziert werden. Gibbs[68] erklärt den Ablauf der Aktualisierung des UpdatePanels folgendermaßen: Wird für diesen Teil der Seite ein Postback ausgelöst, so werden die Daten innerhalb des Formulars an den Server gesendet und die Abarbeitung der Daten auf dem Server angestoßen. Da dieser Aufruf asynchron erfolgt, wird der Benutzer nicht durch das Verschwinden des zu aktualisierenden Steuerelements irritiert. Der Zustand des vom Client gesendeten Steuerelements wird mittels des übertragenen Ansichtszustands auf dem Server wiederhergestellt. Die Renderingphase beinhaltet die Aktualisierung der Inhalte innerhalb des UpdatePanels durch den ScriptManager, bei dem auch der Ansichtszustand des UpdatePanels im ausgelieferten HTML eingebunden wird. Das aktualisierte HTML wird daraufhin durch JavaScript im Verein mit dem DOM wieder an das UpdatePanel gebunden.

Aktualisiert werden kann das UpdatePanel durch verschiedene Events: Liegt ein Steuerele-

---

[67] Vgl.: WWW, entwickler.de – Atlas Controls und Data-Binding, 24.10.2006
[68] Vgl.: Gibbs (2006), S. 36.

ment, welches einen Postback auslöst innerhalb eines UpdatePanels, so wird die Aktualisierung des Bereichs durch dieses ausgelöst. Ein Beispiel dafür könnte ein Button sein, der durch den OnClick-Event einen Postback auslöst.

**Codebeispiel:**

```
<asp:UpdatePanel ID="UpdatePanelAsynchPostBack" runat="server">
    <ContentTemplate>
        <asp:TextBox ID="txbToDisplay" runat="server"></asp:TextBox>
        <br />
        <asp:Button ID="btnSendAsynchronousRequest" runat="server"
        Text="Send request" OnClick="btnSendAsynchronousRequest_Click"
        /><br />
        <asp:Label ID="lblResult" runat="server"></asp:Label>
    </ContentTemplate>
</asp:UpdatePanel>
```

Die Methode `btnSendAsynchronousRequest_Click()` bindet den Text in der TextBox an das Label und sieht im CodeBehind folgendermaßen aus:

**Codebeispiel:**

```
protected void btnSendAsynchronousRequest_Click(object sender, EventArgs e)
{
    if (txbToDisplay.Text == "")//Wenn die Textbox leer sein sollte
        lblResult.Text = "Es wurde kein Text in die TextBox eingetragen";
    else//Wert der TextBox in das Label schreiben
        lblResult.Text = txbToDisplay.Text.ToString();
}
```

Weiterer Code siehe Anhang 3 : Asynchroner Datenabruf

### 4.4.4 AsyncPostBackTrigger

Darüber hinaus gibt es die Möglichkeit, das UpdatePanel von außerhalb zu aktualisieren – dieser Vorgang wird durch so genannte AsyncPostBackTrigger-Elemente ausgelöst, [69] die einen weiteren Knoten unterhalb des `<asp:UpdatePanel>` bilden. Innerhalb dieses Knotens können `<asp:AsyncPostBackTrigger>`-Elemente angesiedelt werden. Dabei werden diesem Tag als Attribut die ControlID eines Controls und der zugehörige Eventname des Controls übergeben. Wird der Event des außerhalb des UpdatePanels liegenden Controls ausgelöst, so erfolgt eine asynchrone Aktualisierung des UpdatePanels, wie folgendes Beispiel demonstriert:

---

[69] Vgl.: Gibbs (2006), S. 36f.

**Codebeispiel:**

```
<form id="frmTime" runat="server">
    <div>
        <asp:ScriptManager ID="scmTime" runat="server">
        </asp:ScriptManager>
        <asp:UpdatePanel ID="upnTime" runat="server">
            <ContentTemplate><!-- Steuerelemente -->
                <asp:Label ID="lblTime" runat="server"></asp:Label>
            </ContentTemplate>
            <Triggers><!-- Controls die Update auslösen -->
                <asp:AsyncPostBackTrigger ControlID="btnUpdateTime"
                EventName="Click" />
            </Triggers>
        </asp:UpdatePanel>
    </div>
    <!--Dieser Button liegt außerhalb und aktuailisiert das UpdatePane-->
    <asp:Button ID="btnUpdateTime" runat="server" Text="Update Time!" />
</form>
```

In der CodeBehind-Datei des Webforms wird im `Page_Load()`-Event die aktuelle Uhrzeit sekundengenau in das Label geschrieben. Auf den `Click()`-Event des Buttons hin wird das UpdatePanel aktualisiert.

**Codebeispiel:**

```
protected void Page_Load(object sender, EventArgs e)
{
    lblTime.Text = "Es ist: " + DateTime.Now.ToLongTimeString();
}
```

Die Aktualisierung von mehreren UpdatePanels auf einer Seite kann unabhängig voneinander durch Trigger erfolgen.[70] Durch das schnelle Einbinden von UpdatePanels und ihrer Funktionalität lassen sich bestehende ASP.NET Seiten mit nur geringem Aufwand reaktionsfähiger und benutzerfreundlich machen.[71]

Weiterer Code siehe Anhang 4 : AsynchPostBackTrigger

### 4.4.5 Timer

Das Timer-Element kann auf einer ASP.NET-Seite zum Zwecke des zeitbasierten Auslösens von Ereignissen eingebunden werden. Zum Einsatz könnte ein solcher Timer beispielsweise bei Livetickern von Sportereignissen kommen. Die Redakteure tragen die veränderten Spielergebnisse mit Kommentaren in die Datenbank ein und der Timer löst jede Minute einen

---

[70] Vgl.: Gibbs (2006), S. 37.
[71] Vgl.: Gibbs (2006), S. 37.

`Tick()`-Event aus, welcher das UpdatePanel zu einer asynchronen Aktualisierung bewegt – in diesem Fall einer erneuten Abfrage der Ergebnisdatenbank und somit einer aktualisierten Anzeige. Als Beispiel wird im Anhang ein Bild-Rotator zu finden sein, der auf den `Tick()`-Event des Timers ein Zufallsbild aus einer Reihe von Bildern anzeigt.

Ein Codebeispiel ist im Anhang 5 : TimerControl zu finden.

## 4.5 ClientControls

Das ASP.NET AJAX Control Toolkit ist ein Gemeinschaftsprojekt von Microsoft und der Codeplex-Gemeinschaft. Basierend auf den ASP.NET AJAX Server Extensions bildet es ein umfangreiches Paket an clientseitigen Controls. Diese ermöglichen eine grafische und benutzerfreundlichere Aufwertung von meist formularbasierten Anwendungen. Zum Einbinden der ClientControls wird die Datei AJAXControlToolkit.dll als Verweis hinzugefügt. Danach können die Controls in der Toolbox des Visual Studios angezeigt und aus dieser heraus verwendet werden.[72]

Als Beispiel wird hier ein CollapsiblePanelExtender angeführt. Er erweitert ein Panel um die Funktionalität, dass es ein- und ausgeklappt werden – dies sogar mit einem Slideeffekt, so dass es zu einem dynamischen Aufschieben des Panels kommt.

**Codebeispiel:**

```
<asp:CollapsiblePanelExtender ID="cpeMain" runat="server" TargetCon-
trolID="pnlEbInfoTxt" CollapseControlID="lblHeader"    ExpandCon-
trolID="lblHeader" Collapsed="true" > </asp:CollapsiblePanelExtender>
    <div class="lblHeader">
        <asp:Label ID="lblHeader" runat="server">Text</asp:Label>
    </div>
    <asp:Panel ID="pnlEbInfoTxt" runat="server" >
    <!-- Text -->
</asp:Panel>
```

Die Eigenschaft `TargetControlID` des CollapsiblePanelExtenders gibt das Panel an, auf den der Extender wirken soll. `CollapseControlID` und `ExpandControlID` dienen zum Verweis auf ein Steuerelement, welches den Event des Auf- und Zuschiebens auslöst. Des Weiteren kann `Collapsed` festgelegt werden in welchem initialen Zustand sich das Panel befinden soll, also auf- oder zugeklappt.

Das ASP.NET AJAX ControlToolkit besitzt eine ständig wachsende Sammlung an solchen ClientControls und es ist mittels JavaScript möglich einen eigenen Extender zu schreiben, der ein Steuerelement um die gewünschte Funktionalität erweitern kann.

---

[72] Vgl.: WWW, codeproject – AJAX Control Toolkit, 24.10.2006

Ein Codebeispiel ist unter Anhang 6 : ClientControl CollapsiblePanel zu finden.

## 4.6 Webservices mit JavaScript aufrufen

Mit ASP.NET AJAX ist es möglich einen Webservice aus einem ClientScript heraus mit JavaScript aufzurufen. Als Beispiel wird hier ein Webservice implementiert, der einen String übergeben bekommt und aus diesem einen MD5-Hashwert generiert. Der Webservice muss jedoch gegenüber einem normalen Webservice angepasst werden, wie in folgendem Codebeispiel zu sehen ist:

**Codebeispiel:**

```
using Microsoft.Web.Script.Services;//Verweis auf den Services-Namespace
...
[ScriptService]//Erweiterung gegenüber den normalen Webservice-Tags
public class MakeMD5 : System.Web.Services.WebService {
...
    [WebMethod]
    public string GetMD5FromString(string textToConvert) {
      //Process goes here
      return md5value;
    }
}
```

Ist dieser Webservice implementiert, so muss er als ServiceReference an den ScriptManager gebunden werden. Er kann dann aus JavaScript heraus wie folgt aufgerufen werden:

**Codebeispiel:**

```
MakeMD5.GetMD5FromString(zuUebergebenderWert, processResult, processError);
```

Dabei gilt zu beachten, dass die Methoden `processResult` und `processErorr` noch zu implementieren sind. Die Funktion `processResult` bekommt einen Parameter übergeben, der das vom Webservice zurückgelieferte Ergebnis verarbeitet und per DOM in das vorgesehene Feld einträgt. Die Funktion `processError` kommt zum Tragen, sobald es bei der Anfrage an den Server zu einem Fehler kommt. Die Implementierung dieser Funktionen ist im Anhang zu finden.

In früheren Versionen von ASP.NET AJAX war es zudem möglich über eine so genannte Bridge zu externen Webservices zu referenzieren. Die ist jedoch mit dem derzeitigen Release Version 1.0 beta nicht mehr möglich; stattdessen behilft man sich mit der Einbindung eines externen Webservices in einen internen Webservice, der somit als Bindeglied zwischen dem internen Aufruf und dem externen Webservice fungiert.

Ein Codebeispiel ist unter Anhang 7 : Webserviceaufruf aus JavaScript zu finden.

# 5 Fazit

AJAX hält Einzug in das Internet und täglich tauchen vermehrt Webanwendungen auf, die von diesem Konzept Gebrauch machen – man könnte in diesen Tagen sogar von einem regelrechten „AJAX-Hype" sprechen. Sofern die Grundvorrausetzungen wie aktiviertes JavaScript und die Unterstützung des XMLHTTPRequest-Objekts im Browser gegeben sind, spricht meiner Meinung nach nichts gegen den Einsatz von AJAX, außer der Tatsache, dass es in Maßen bewusst und nicht in Massen eingesetzt werde sollte. Bei übertriebenem Gebrauch von AJAX kann es zu einer Überladung der Webseite kommen: Auf der einen Seite für den Benutzer, in dem es zu viele Dinge zu beachten gibt; auf der anderen Seite muss der Entwickler der Webseite mit sehr vielen asynchronen Aufrufen und somit auch vielen Ergebnis- und Fehlerbehandlungen vertraut sein, was sich wiederum in der Wartbarkeit einer Webseite widerspiegeln kann und somit auch in ihrer Fehlerträchtigkeit.

Das Problem, dass sich jedoch noch immer ergibt, ist aktiviertes JavaScript als Voraussetzung: Es sollte immer eine Alternative für Benutzer und Suchmaschinen geboten werden, die die Inhalte statisch darstellt oder Formulardaten auch serverseitig noch einmal validiert. Der Vorteil von clientseitiger Prüfung der Daten besteht in dem Wegfall des Sendens der Daten an den Server und auch das Austauschen von nur einzelnen Regionen einer Webseite bringt einen geringeren Traffic mit sich.

Mit ASP.NET AJAX lässt sich – wie soeben geschildert – mit nur wenigen bis gar keinen Zeilen Code ein asynchroner Datenaustausch realisieren, ohne auf den Kern dieser Übertragungsmethode genauer eingehen zu müssen. Es kann weiterhin serverseitig entwickelt werden und mit nur wenigen Änderungen, wie dem Einfügen des UpdatePanels und des ScriptManagers lassen sich bequem vorhandene ASP.NET-Seiten auf ein scheinbar zustandsloses Verhalten abändern – es ist aber auch mittels der ClientScript-Bibliothek möglich einen objektorientierten Ansatz in JavaScript zu verfolgen. Dieses Script wird dann an den Client gesendet und kommt dort zum Einsatz. Dies kann dann gebraucht werden, wenn es sich um grafische oder formularbasierte Features handelt, wie sie auch im ASP.NET AJAX ControlToolkit zu finden sind. Das Ansprechen von Webservices aus JavaScript heraus ist eine Neuerung, von der ich denke, dass sie sehr zukunftsweisend ist. Somit können nun auch dynamische Inhalte aus Datenbanken heraus generiert werden.

In meinen Augen hat AJAX ein sehr großes Potenzial was benutzerfreundliche Webseiten betrifft und jeder Webentwickler sollte sich Gedanken darüber machen, an welchen Stellen sich ein sinnvoller Einsatz von AJAX lohnt.

# Literaturverzeichnis

## Literaturquellen:

**[Aschenbrenner (2002)]**
Aschenbrenner, Klaus:
Webapplikationen mit Visual C# - WebForms und ASP.NET mit dem Visual Studio,
1. Auflage,
München 2002

**[Asleson, Schutta (2006)]**
Asleson, Ryan; Schutta, Nathaniel T.:
Foundations of Ajax,
1. Auflage,
Berkely, CA 2006

**[Crane, Pascarello (2006)]**
Crane, Dave; Pascarello, Eric:
Ajax in Action,
1. Auflage,
Greenwich 2006.

**[Eller (2006)]**
Eller, Frank:
Visual C# 2005 – Grundlagen, Programmiertechniken, Datenbanken,
1. Auflage,
München 2006

**[Falz, Samaschke (2004)]**
Falz, Stefan; Samaschke, Karsten:
Das ASP.NET Codebook,
1. Auflage,
München 2004.

**[Gibbs (2006)]**
Gibbs, Matt:
Heiß ersehnt – ASP.Net Atlas für Sites im AJAX-Stil,
in: msdn magazin Ausgabe 3.2006,
Frankfurt 2006

**[Koch (2003)]**
Koch, Daniel:
JavaScript lernen,
1. Auflage,
München 2003

**[Lorenz (2002)]**
Lorenz, Patrick A.:
ASP. NET. Grundlagen und Profiwissen,
1. Auflage,
München, Wien 2002

**[Münz (2005)]**
Münz, Stefan:
Professionelle Websites. Programmierung, Design und Administration von Webseiten,
1. Auflage,
München 2005

**[Perry (2006)]**
Perry, Bruce W.:
Ajax hacks,
1. Auflage,
Kökn 2006

**[Sharp (2006)]**
Sharp, John:
Microsoft Visual C# 2005 - Schritt für Schritt,
1. Auflage,
Unterschleißheim 2006

**[Wenz (2006)]**
Wenz, Christian:
AJAX. schnell + kompakt,
1. Auflage,
Frankfurt 2006


## Onlinequellen:

**[adaptive path]**
Garrett, Jesse James:
Ajax: A New Approach to Web Applications,
http://www.adaptivepath.com/publications/essays/archives/000385.php,
abgerufen am 08.10.2006

**[ASP.NET AJAX – CollapsiblePanel]**
o.V.:
http://ajax.asp.net/ajaxtoolkit/Accordion/Accordion.aspx,
abgerufen am, 25.10.2006

**[codeproject – AJAX Control Toolkit]**
o.V.:
http://www.codeplex.com/Wiki/View.aspx?ProjectName=AtlasControlToolkit,
abgerufen am 24.10.2006

**[DotNet Ajax Frameworks – Ajax Patterns]**
o.V.:
http://ajaxpatterns.org/DotNet_Ajax_Frameworks,
abgerufen am 23.10.2006

**[entwickler.de – Atlas Controls und Data-Binding]**
Wussow, André:
http://entwickler.com/zonen/portale/psecom,id,101,online,945,p,0.html,
abgerufen am 24.10.2006

**[Galileo Computing - Serversteuerelemente]**
Loher, Matthias:
http://www.galileocomputing.de/openbook/asp/asp060000.htm,
abgerufen am 24.10.2006

**[Galileo Computing - Webserversteuerelemente]**
Loher, Matthias:
http://www.galileocomputing.de/openbook/asp/asp080000.htm,
abgerufen am 24.10.2006

**[GetTheCode – Was ist AJAX?]**
o.V.:
http://www.get-the-code.de/code/javascript/ajax/ajax.htm,
abgerufen am 08.10.2006

**[GetTheCode – AJAX – Vorteile und Probleme]**
o.V.:
http://www.get-the-code.de/code/javascript/ajax/ajax-benefits-problems.htm,
abgerufen am 09.10.2006

**[Microsoft - .NET Glossary]**
o.V.:
http://www.microsoft.com/net/basics_glossary.mspx,
abgerufen am 18.10.2006

**[Microsoft – AJAX ASP.NET Home]**
o.V.:
http://ajax.asp.net/Default.aspx?tabid=47,
abgerufen am 23.10.2006

**[Microsoft – Einführung in WebForms]**
Kothari, Nikhil:
http://www.microsoft.com/germany/msdn/library/web/ASPNET20.mspx?mfr=true,
abgerufen am 24.10.2006

**[Microsoft – Introduction to WebForms]**
o.V.:
http://msdn.microsoft.com/library/default.asp?url=/library/en-
us/vbcon/html/vbconintroductiontowebforms.asp,
abgerufen am 27.10.2006

**[Microsoft – ScriptManager PartialRendering]**
o.V.:
http://ajax.asp.net/docs/mref/3b69f3d9-a3c9-7cf7-f391-6a97c48f2f77.aspx,
abgerufen am 25.10.2006

**[Microsoft – Server Reference - ScriptManager]**
o.V.:
http://ajax.asp.net/docs/mref/3b24af40-d9f2-7ddd-cb8e-38a9bb90b9c6.aspx,
abgerufen am 24.10.2006

**[Microsoft – Übersicht über Masterseiten]**
o.V.:
http://msdn2.microsoft.com/de-de/library/wtxbf3hh.aspx,
abgerufen am 24.10.2006

**[sigs-datacom – Ein neues Programmiermodell für Web-Anwendungen]**
Westphal, Ralf:
http://download.microsoft.com/download/c/a/a/caa7da61-ed32-45a5-b78d-aa654943bc02/westphal_OS_02_04.pdf,
abgerufen am 22.10.2006

**[Teialehrbuch - XMLHttpRequest]**
o.V.:
http://www.teialehrbuch.de/bildung/dw-webdev-complete-1-0/AJAX1-KK/27.html,
abgerufen am 09.10.2006

**[Torsten Horn – Internet-Glossar]**
Horn, Torsten:
http://www.torsten-horn.de/glossar/GlossarF.htm,
abgerufen am 23.10.2006

**[Using the XML HTTP Request object]**
Ley, Jim:
http://jibbering.com/2002/4/httprequest.html,
abgerufen am 10.10.2006

**[Wikipedia – Asynchrone Kommunikation]**
o.V.:
http://de.wikipedia.org/wiki/Asynchrone_Kommunikation,
abgerufen am 08.10.2006

**[Wikipedia - .NET]**
o.V.:
http://de.wikipedia.org/wiki/.NET,
abgerufen am 18.10.2006

**[Wikipedia - XMLHttpRequest]**
o.V.:
http://de.wikipedia.org/wiki/XMLHttpRequest,
abgerufen am 09.10.2006

**[W3C – The XMLHttpRequest Object]**
Van Kesteren, Anne:
http://www.w3.org/TR/XMLHttpRequest/#xmlhttprequest-idl,
abgerufen am 10.10.2006

**[ZDNet – AJAX und Microsofts Engagement]**
Patton, Tony:
http://www.zdnet.de/builder/program/0,39023551,39137318,00.htm,
abgerufen am 09.10.2006

# Anhang

## Anhang 1 : Beispiel für Vereinigung der Bestandteile

**index.html**

```html
<!DOCTYPE html PUBLIC "-//W3C//DTD XHTML 1.0 Strict//EN"
"http://www.w3.org/TR/xhtml1/DTD/xhtml1-strict.dtd">
<html xmlns="http://www.w3.org/1999/xhtml">
<head>
<title>Listing 1</title>
<script type="text/javascript">
var ajaxObject = null;
function generateRequest()
{
     if(window.ActiveXObject)//Internet Explorer <= Version 6
     {
          ajaxObject = new ActiveXObject("Microsoft.XMLHTTP");
     }
     else(window.XMLHttpRequest)//Native Unterstützung des Objekts
     {
          ajaxObject = new XMLHttpRequest();
     }
     ajaxObject.onreadystatechange = deliverData;
     ajaxObject.open("GET","helloworld.txt", true);
     ajaxObject.send(null);
}


function deliverData()
{
     if(ajaxObject.readyState == 4)
     {
     var ausgabe = document.getElementById("ausgabe");
     ausgabe.innerHTML = ajaxObject.responseText;
     }
}


</script>
</head>
<body>
<form action="#">
<input type="button" value="Get Hello Word-Text"
onclick="generateRequest();"/>
</form>
```

```
<div id="ausgabe"></div>
</body>
</html>
```

**helloworld.txt**

```
Hello Word, <br />ich bin eine erste AJAX-Anwendung!
```

# Anhang 2 : ClientScript Person Mitarbeiter

Bei folgenden Listings ist zu beachte, dass sie innerhalb einer Masterseite eingebettet wurden. Sie agieren innerhalb eines ContenPlaceholders und benutzen einen ScriptManagerProxy um den in der Masterseite platzierten ScriptManager zu benutzen.

**JSExample.aspx**

```
<%@    Page    Language="C#"    MasterPageFile="~/Main.master"    Auto-
EventWireup="true"         CodeFile="JSExample.aspx.cs"           Inher-
its="Pages_JavaScriptExample_JSExample" Title="Untitled Page" %>
<asp:Content   ID="Content1"   ContentPlaceHolderID="ContentPlaceHolder2"
Runat="Server">
  <asp:ScriptManagerProxy id="smpMain" runat="server">
      <Scripts>
            <asp:ScriptReference Path="person.js" />
      </Scripts>
  </asp:ScriptManagerProxy>
    <p>Bitte füllen Sie die Felder aus und drücken dann einen der But-
ton.<br />
    Je nachdem ob Sie eine Person ausgeben wollen oder einen Mitarbeiter -
Der Mitarbeiter verfügt gegenüber der Person noch über eine Mitarbeiternum-
mer</p>
            <table>
            <tr>
                <td style="width: 100px">
                    <asp:Label     ID="lblVorname"     runat="server"
Text="Vorname"></asp:Label></td>
                <td style="width: 100px">
        <input type="text" id="vorname" /></td>
                </tr>
                <tr>
                <td style="width: 100px">
                    <asp:Label     ID="lblName"     runat="server"
Text="Name"></asp:Label></td>
                <td style="width: 100px">
        <input type="text" id="name" /></td>
                </tr>
                <tr>
                <td style="width: 100px">
                    <asp:Label ID="lblMitarbeiternummer" runat="server"
Text="Mitarbeiternummer"></asp:Label></td>
                <td style="width: 100px">
        <input type="text" id="nummer" /></td>
```

```
            </tr>
        </table>

        <input     type="button"         value="Show    Person"    on-
click="Click_ShowPerson()"/>
        <input  type="button"   value="Show  mitarbeiter"  onclick="return
Click_ShowMitarbeiter()"/>



    <script type="text/javascript" language="javascript">
    function getValue(id)
    {
        return $get(id).value;
    }
    function Click_ShowPerson()
    {
        var  aPerson  =  new  PersonSample.Person(getValue("vorname"),  get-
Value("name"));
        alert(aPerson.toString());
    }
    function Click_ShowMitarbeiter()
    {
        var        aMitarbeiter       =       new       PersonSam-
ple.Mitarbeiter(getValue("vorname"),getValue("name"),getValue("nummer"));
        alert(aMitarbeiter.toString());
    }
    </script>
```

**person.js**

```
// JScript-Datei
Type.registerNamespace('PersonSample');

PersonSample.Person = function(vorname, name)
{
    var _name = name;
    var _vorname = vorname;

    this.get_name = function()
    {
        return _name;
    }

    this.get_vorname = function()
    {
        return _vorname;
```

```
    }

    this.toString = function()
    {
        return "Die Person heisst " + this.get_vorname() + " " +
this.get_name();
    }

}
PersonSample.Person.registerClass('PersonSample.Person');

PersonSample.Mitarbeiter = function(vorname, name, mitarbeiternummer)
{
    PersonSample.Mitarbeiter.initializeBase(this, [name, vorname, 'mitar-
beiternummer']);

    var _mitarbeiternummer = mitarbeiternummer;
    this._vorname = vorname;
    this._name = name;

    this.get_mitarbeiternummer = function()
    {
        return _mitarbeiternummer;
    }

    this.toString = function()
    {
            return "Der Mitarbeiter heisst " + this.get_vorname() + " " +
            this.get_name() + ". Seine Mitarbeiternummer lautet: " +
this.get_mitarbeiternummer();
    }

}
PersonSample.Mitarbeiter.registerClass('PersonSample.Mitarbeiter', Person-
Sample.Person);
```

# Anhang 3 : Asynchroner Datenabruf

**asynchData.aspx**

```
<%@ Page Language="C#" MasterPageFile="~/Main.master" AutoEventWi-
reup="true" CodeFile="Beispiel1.aspx.cs" Inhe-
rits="Pages_ServerControls_Beispiel1" Title="Untitled Page" %>

<asp:Content ID="Content2" ContentPlaceHolderID="ContentPlaceHolder2" Ru-
nat="Server">
    <asp:ScriptManagerProxy id="sdmpBsp1" runat="server">
    </asp:ScriptManagerProxy>
    <asp:UpdatePanel id="upnBsp1" runat="server">
    <ContentTemplate>
        <p>Bitte tragen Sie einen Wert in die TextBox ein und drücken dann
auf den Button!</p>
        <asp:TextBox id="txbToDisplay" runat="server" ToolTip="Bitte hier
einen Wert eintragen!"></asp:TextBox>
        <br /><br />
        <asp:Button id="btnSendAsynchronousRequest" on-
click="btnSendAsynchronousRequest_Click" runat="server" Text="Send re-
quest"></asp:Button>
        <br /><br />
        <asp:Label id="lblResult" runat="server"></asp:Label>
     </ContentTemplate>
    </asp:UpdatePanel>
</asp:Content>
```

**asynchData.aspx.cs**

```
using System;
using System.Data;
using System.Configuration;
using System.Collections;
using System.Web;
using System.Web.Security;
using System.Web.UI;
using System.Web.UI.WebControls;
using System.Web.UI.WebControls.WebParts;
using System.Web.UI.HtmlControls;

public partial class Pages_ServerControls_Beispiel1 : System.Web.UI.Page
{
    protected void Page_Load(object sender, EventArgs e)
    {
```

```
    }
    protected void btnSendAsynchronousRequest_Click(object sender, Even-
tArgs e)
    {
        if (txbToDisplay.Text == "")//Wenn die Textbox leer sein sollte
            lblResult.Text = "Es wurde kein Text in die TextBox eingetra-
gen";
        else//Wert der TextBox in das Label schreiben
            lblResult.Text = "Sie haben folgenden Wert eingetragen: <b>"
+txbToDisplay.Text.ToString() + "</b>";


    }
}
```

# Anhang 4 : AsynchPostBackTrigger

**asynchPostBackTrigger.aspx**

```
<%@ Page Language="C#" MasterPageFile="~/Main.master" AutoEventWi-
reup="true" CodeFile="AsynchPostBackTrigger.aspx.cs" Inhe-
rits="Pages_ServerControls_Beispiel2" Title="Untitled Page" %>
<asp:Content ID="Content1" ContentPlaceHolderID="ContentPlaceHolder2" Ru-
nat="Server">
    <asp:ScriptManagerProxy id="scmpBsp2" runat="server">
    </asp:ScriptManagerProxy>
    <asp:UpdatePanel id="upnBsp2" runat="server">
            <ContentTemplate>
            <p>Der Button liegt außerhalb des UpdatePanels, fungiert jedoch
als Trigger für das UpdatePanel. Probieren Sie es aus ;) !</p>
                <asp:Label ID="lblTime" runat="server"></asp:Label>
            </ContentTemplate>
            <Triggers>
                <asp:AsyncPostBackTrigger ControlID="btnUpdateTime" Event-
Name="Click" />
            </Triggers>
    </asp:UpdatePanel>
    <br /><br />
        <asp:Button ID="btnUpdateTime" runat="server" Text="Update Time!" />
</asp:Content>
```

**asynchPostBackTrigger.aspx.cs**

```csharp
using System;
using System.Data;
using System.Configuration;
using System.Collections;
using System.Web;
using System.Web.Security;
using System.Web.UI;
using System.Web.UI.WebControls;
using System.Web.UI.WebControls.WebParts;
using System.Web.UI.HtmlControls;

public partial class Pages_ServerControls_Beispiel2 : System.Web.UI.Page
{
    protected void Page_Load(object sender, EventArgs e)
    {
        lblTime.Text = "Es ist: " + DateTime.Now.ToLongTimeString();
    }
}
```

# Anhang 5 : TimerControl

## timerControl.aspx

```
<%@ Page Language="C#" MasterPageFile="~/Main.master" Auto-
EventWireup="true" CodeFile="TimerControl.aspx.cs" Inher-
its="Pages_ServerControls_Beispiel3" Title="Untitled Page" %>
<asp:Content ID="Content1" ContentPlaceHolderID="ContentPlaceHolder2" Ru-
nat="Server">
    <asp:ScriptManagerProxy id="ScriptManagerProxy1" runat="server">
    </asp:ScriptManagerProxy>
     <asp:UpdatePanel ID="upnImageRotator" runat="server">
       <ContentTemplate>
<P>Der TimerControl aktualisiert das UpdatePanel alle drei Sekunden und
lädt ein neues Random-Bild</P>
<asp:Label id="lblerror" runat="server"></asp:Label>
<asp:Image id="imgRandom" runat="server"></asp:Image>
</ContentTemplate>
        <Triggers>
<asp:AsyncPostBackTrigger ControlID="tmcImageRotator" Event-
Name="Tick"></asp:AsyncPostBackTrigger>
</Triggers>
     </asp:UpdatePanel>
     <asp:Timer ID="tmcImageRotator" runat="server" Interval="3000">
     </asp:Timer>
</asp:Content>
```

## timerControl.aspx.cs

```
using System;
using System.Data;
using System.Configuration;
using System.Collections;
using System.Web;
using System.Web.Security;
using System.Web.UI;
using System.Web.UI.WebControls;
using System.Web.UI.WebControls.WebParts;
using System.Web.UI.HtmlControls;


public partial class Pages_ServerControls_Beispiel3 : System.Web.UI.Page
{
    protected void Page_Load(object sender, EventArgs e)
    {
        try
```

```
        {
            lblerror.Text = DateTime.Now.ToLongTimeString();
            ImageRotator imgRotator = new ImageRotator();
            imgRandom.ImageUrl = imgRotator.getFileName();
        }
        catch (Exception ex)
        {
            lblerror.Text = ex.Message.ToString();
        }
    }
}


#region ImageRotator
public class ImageRotator
{
    ArrayList _files = new ArrayList();//Array list for picture paths
    string _pathToImage = "pictures/"; //Picture Folder

    public ImageRotator()
    {
        //Walks through the "images" directory and lists every file in
there
        foreach (string files in Sys-
tem.IO.Directory.GetFiles(HttpContext.Current.Server.MapPath(_pathToImage))
)
        {
            //Gets the filename and puts the directory in front of it
            _files.Add(_pathToImage + System.IO.Path.GetFileName(files));
        }
    }
    /// <summary>
    /// Returns the filename of a file in the images directory randomly
    /// </summary>
    /// <returns>String with filename of picture an correct path</returns>
    public string getFileName()
    {

        //Random number is being created, maximum ist the total number of
items in the ArraylIst
        Random rand = new Random();
        int randomImageNumber = rand.Next(Convert.ToInt32(_files.Count));
        return _files[randomImageNumber].ToString();
    }
}
#endregion
```

# Anhang 6 : ClientControl CollapsiblePanel

**collapsiblePanel.aspx**

```
<%@ Page Language="C#" MasterPageFile="~/Main.master" Auto-
EventWireup="true" CodeFile="CollapsiblePanel.aspx.cs" Inher-
its="Pages_ClientControls_Beispiel1" Title="Untitled Page" %>
<%@ Register Assembly="AjaxControlToolkit" Namespace="AjaxControlToolkit"
TagPrefix="cc1" %>
<asp:Content ID="Content1" ContentPlaceHolderID="ContentPlaceHolder2" Ru-
nat="Server">
    <asp:ScriptManagerProxy id="smpMain" runat="server">
    </asp:ScriptManagerProxy>
    <p>Bitte klicken Sie auf den Header, um den Text anzuzeigen.</p>
    <cc1:CollapsiblePanelExtender
    ID="CollapsiblePanelExtender1"
    runat="server"
    TargetControlID="pnlEbInfoTxt"
    CollapseControlID="lblHeader"
    ExpandControlID="lblHeader"
    Collapsed="true"
    CollapsedImage="images/expand.jpg"
    ExpandedImage="images/collapse.jpg"
    ImageControlID="imgCollapseExpand">
    </cc1:CollapsiblePanelExtender>
    <div class="lblHeader">
    <asp:Image ID="imgCollapseExpand" runat="server" />
<asp:Label ID="lblHeader" runat="server" >Der Studiengang EB</asp:Label>
    </div>
    <asp:Panel ID="pnlEbInfoTxt" runat="server"
CssClass="CollapsiblePanel">
    Text goes here!
    </asp:Panel>

</asp:Content>
```

# Anhang 7 : Webserviceaufruf aus JavaScript

## callWebservice.aspx

```
<%@ Page Language="C#" MasterPageFile="~/Main.master" Auto-
EventWireup="true" CodeFile="CallWebservice.aspx.cs" Inher-
its="Pages_ClientControls_CallWebservice" Title="Untitled Page" %>
<asp:Content ID="Content1" ContentPlaceHolderID="ContentPlaceHolder2"
Runat="Server">
    <asp:ScriptManagerProxy id="smpMain" runat="server">
        <Services>
                <asp:ServiceReference Path="MakeMD5.asmx" />
        </Services>
        <Scripts>
            <asp:ScriptReference path="MD5.js" />
        </Scripts>
    </asp:ScriptManagerProxy>
    <input id="txbValue" type="text" /><br /><br />
    <input id="btn" type="button" value="button" onclick="return
btnGetMD5_Click()" /><br /><br />
    <p id="output"></p>
</asp:Content>
```

## Md5.js

```
// JScript-Datei
function btnGetMD5_Click()
    {
        var txbValue = document.getElementById("txbValue").value;

        if(txbValue != "")
        {
            MakeMD5.GetMD5FromString(txbValue, processResult, processEr-
ror);
        }
        else
        {
            document.getElementById("output").innerHTML = "Please insert a
value";
        }
    }

    function processResult(result)
    {
        document.getElementById("output").innerHTML = "MD5 value: <b>" +
result + "</b>";
```

```
    }

    function processError(error)
    {
        document.getElementById("output").innerHTML = "An error occured
while making the request! Please try again!";
    }
```

## makeMD5.cs

```csharp
using System;
using System.Web;
using System.Collections;
using System.Web.Services;
using System.Web.Services.Protocols;
using Microsoft.Web.Script.Services;
/// <summary>
/// This webservice converts a string into a MD5-Hashvalue
/// </summary>
[WebService(Namespace = "http://tempuri.org/")]
[WebServiceBinding(ConformsTo = WsiProfiles.BasicProfile1_1)]
[ScriptService]
public class MakeMD5 : System.Web.Services.WebService {
    public MakeMD5 () {
        //InitializeComponent();
    }

    /// <summary>
    /// Converts a string into MD5-Hash
    /// </summary>
    /// <param name="textToConvert">String to Convert</param>
    /// <returns>MD5 Hash</returns>
    [WebMethod]
    public string GetMD5FromString(string textToConvert) {
        //String zum Zusammensetzen wird initialisiert
        string md5value = "";
        try
        {
            //Neues MD5ServiceProvider-Objekt
            System.Security.Cryptography.MD5CryptoServiceProvider md5 = new
System.Security.Cryptography.MD5CryptoServiceProvider();
            //Hashwert von in ASCII-Zeichen konvertierten Text wird gene-
riert. Liefert byte.Array zurück
            byte[] result =
md5.ComputeHash(System.Text.Encoding.ASCII.GetBytes(textToConvert));
            //ByteArray durchlaufen und die einzelnen Elemente werden for-
matiert
```

```csharp
        for (int i = 0; i < result.Length; i++)
        {
            md5value += String.Format("{0:x2}", result[i]);
        }
    }
    catch (Exception ex)
    {
        return "Failure occured!";
    }
    return md5value;
}
```
}

www.ingramcontent.com/pod-product-compliance
Lightning Source LLC
La Vergne TN
LVHW042300060326
832902LV00009B/1153